周　倩　牛爱军　○　编著

十二段锦

人民邮电出版社

北　京

图书在版编目（CIP）数据

十二段锦 / 周倩，牛爱军编著. -- 北京 : 人民邮
电出版社，2024.9. --（国术健身）. -- ISBN 978-7
-115-64581-4

Ⅰ．G852.9

中国国家版本馆 CIP 数据核字第 2024AT3069 号

免 责 声 明

作者和出版商都已尽可能确保本书技术上的准确性以及合理性，并特别声明，不会
承担由于使用本出版物中的材料而遭受的任何损伤所直接或间接产生的与个人或团体相
关的一切责任、损失或风险。

内 容 提 要

本书从"什么是十二段锦""为什么练十二段锦"和"怎么练十二段锦"三个角度出
发，对十二段锦的起源、发展和习练要领进行了介绍，对十二段锦的健身作用进行了解
析，对十二段锦的基本功与功法套路的练习方法进行了讲解。

在功法套路的讲解部分，本书不仅通过真人连拍图结合文字说明的方式对动作步骤
进行了展示，还对功法演练的基本要求、功理作用、呼吸方式和易犯错误进行了解析。
此外，本书免费提供十二段锦的分段演示视频、分段教学视频，以及完整套路跟练视频，
旨在帮助读者降低学习难度，提升练习效果。无论是十二段锦的学习者，还是教授者，
都可以从本书中受益。

◆ 编　　著　周　倩　牛爱军
　　责任编辑　刘日红
　　责任印制　彭志环
◆ 人民邮电出版社出版发行　　北京市丰台区成寿寺路 11 号
　　邮编　100164　电子邮件　315@ptpress.com.cn
　　网址　https://www.ptpress.com.cn
　　北京九天鸿程印刷有限责任公司印刷
◆ 开本：700×1000　1/16
　　印张：6　　　　　　　　　2024 年 9 月第 1 版
　　字数：63 千字　　　　　　2024 年 9 月北京第 1 次印刷

定价：35.00 元

读者服务热线：**(010)81055296**　印装质量热线：**(010)81055316**
反盗版热线：**(010)81055315**
广告经营许可证：京东市监广登字 20170147 号

壹·源

什么是十二段锦

贰·因

为什么练十二段锦

叁·法

怎么练十二段锦

壹

源

什么是十二段锦

十二段锦的起源

汉代《释名》有言："锦，金也，作用之功重，其价如金，故制字'帛'与'金'也。"汉代《西京杂记》曰："合綦组以成文，列锦绣而为质，一经一纬，一宫一商，此赋之迹也。"一阴一阳谓之道，不管是织锦还是导引，无不以此为准绳。织锦之工，以无厚入有间，布叶安花，疏密得当；导引之法，轻灵蕴于厚重，凝神在于专注，举手投足合于法度，高低错落有致，前后左右呼应，上下动静相随，宛如织锦之法也——这便是十二段锦。

十二段锦由十二个动作组成，功法名称中所用的"锦"字是为了表示其作为一套完整的坐式导引功法，习练过程如同在织就一幅华丽精致、绵延不绝的锦缎。根据相关的文献资料记载，十二段锦最早出现在清代乾隆年间徐文弼编写的《寿世传真》一书中，其功法内容则源自"钟离八段锦法"。

根据南宋洪迈所著的《夷坚志》中记载，当时有一位名为李似矩的起居郎（记录皇帝言行的官职）。他曾学习过熊经鸟伸之术，并勤加练习。此外，李似矩还会在夜半时分练习呼吸吐纳，并配上按蹻推拿。由此可知，坐功形式的八段锦，即"钟离八段锦法"在宋代的时候已经成型，并已在民间传播推广。

八段锦主要有两种表现形式，一种是站式，一种是坐式，站式又被称为武八段，坐式则被称为文八段。根据事物的发展总是先简后繁、先易后难的规律，人们普遍认为文八段先出现，后来才演化出武八段。宋代以来，一直到现代社会，坐式和站式八段锦的发展都比较迅速，资料丰富，讲解准确，图文并茂，自成一体，成为传统导引文化的典型代表。

"坐式八段锦"也就是"钟离八段锦法"，其具体内容记载于明代《正统道藏》第 122 至 131 册中的《修真十书》。练功歌诀如下。

闭目冥心坐，握固静思神。叩齿三十六，两手抱昆仑。左右鸣天鼓，二十四度闻。微摆撼天柱，赤龙搅水浑。漱津三十六，神水满口匀。一口分三咽，龙行虎自奔。闭气搓手热，背摩后精门。尽此一口气，想火烧脐轮。左右辘轳转，两脚放舒伸。叉手双虚托，低头攀足频。以候逆水上，再漱再吞津。如此三度毕，神水九次吞。咽下汩汩响，百脉自调匀。河车搬运讫，发火遍烧身。邪魔不敢近，梦寐不能昏。寒暑不能入，灾病不能迍。子后午前作，造化合乾坤。循环次第转，八卦是良因。

除了提供歌诀本身，《修真十书》还对歌诀的含义进行了阐释，以方

十二段锦的发展

便练习者更好地掌握锻炼要领。

明清时期的很多养生著作，例如《活人心法》《遵生八笺》《保生心鉴》《万寿仙书》等，都有关于"钟离八段锦法"的记录。

到了清代乾隆年间，徐文弼对《修真十书》中的练功歌诀及其阐释略作改动，将整套功法更名为"十二段锦"，并收入其编辑的《寿世传真》（1771年成书）。

清代咸丰年间，潘霨在徐文弼的基础上又对"十二段锦"作了进一步完善；从此以后，十二段锦的影响和传播日渐广泛，成为坐式导引术的典型代表。

习练十二段锦要求在意识指导下，实现动作与呼吸的协调配合，也就是做到意识、呼吸、动作三者密切联动，同时进行"练意""练气"和"练身"，长期坚持习练十二段锦即可达到强身健体的效果。

十二段锦的习练要领

| 松静自然 |

松静自然是习练十二段锦的基础和原则。这意味着在习练过程中，习练者需要始终秉持求松、求静、求自然的内在要求，心中恬静愉悦，身体自然放松，动作才能顺畅自如、舒展大方、虚实分明、松紧结合。

| 圆活连贯 |

圆活指的是在习练过程中，动作路线应呈弧形，不具棱角，不直来直去，让人体各关节的运动状态舒适、自然。连贯指的是在习练过程中，动作的虚实变化和姿势的转换衔接不僵硬、不停滞，速度均匀，无停顿、断续之处。

| 内心平和 |

在习练过程中，除了要调整身体进入松静自然状态，同时还要虚静内心，排除杂念、恶念及昏沉状态，让心神保持一份"绵绵若存，用之不勤"的恬淡愉悦，如《庄子·在宥》所说的"抱神以静，形将自正"，如此身体才会变得柔和舒适，达到《黄帝内经·素问·上古天真论》上"故能形与神俱，而尽终其天年"的目标。

养护正气

贰

身心共养

为什么练十二段锦

因

神形兼备

养护正气

在传统养生文化中，气是生命的本源，人的生命运动本质在于"气"的变化。庄子曰："人之生，气之聚也。聚则为生，散则为死。"这表达了气既是生命活力的原动力，还是维持人体生命活动的基础。《庄子·知北游》提到了"通天下一气耳"。《黄帝内经·素问·宝命全形论》提到了"天地合气，命之曰人""人以天地之气生，四时之法成"，表达了人只有主动、有意识地实现自我身心的"和合一气"，才能主动维护好自身生命健康。从中医学角度来看，人体的"气"分为多种，其中"正气"对于疾病发生与否具有决定性的作用。

十二段锦的动作编排按照古人整体观的理论和对"气"的认识来设计，具有松紧结合、动静相兼、神形相合、气寓其中等特点，整套功法动作都贯穿和体现着中医理论及养生观念，具有养护正气的功效。

神形兼备

"神"指的是人体的精神状态和正常的意识活动。"形"指的是人的形体运动。神与形是不可分割、相互联系、互相促进的一个整体。在练习十二段锦时要求习练者意动形随、神形兼备，通过精神的修养和形体的锻炼，达到强身健体之功效。正所谓养心调神，以静为主；形体养护，以动为主。动静适宜，才能"形与神俱"，达到养生的目的。

在日常生活及工作过程中，人们不可避免会受到各种各样身心方面的困扰，这会造成身体资源和能量的消耗，而习练十二段锦就是一个帮助身体"休养生息"的过程，其锻炼目的在于"养元气""调经气"及"固卫气"，以实现"精充、气足、神全"，维护身心的内在平衡和稳定，在"神"与"形"的共同调整下，达到骨正筋柔、气血畅通的状态。

在十二段锦练习过程中，细、匀、深、长的呼吸可有效增加膈肌的力量，进而更大范围地刺激按摩五脏六腑，促使气血顺畅，帮助身体处于舒适自然的状态。同时，在练习过程中，还要求呼吸自然顺畅，精神内守，意念与肢体动作相配合，以达到身心合一的境界，从而实现身心共养。

此外，包括十二段锦在内的导引术要求心理上至虚至静、凝神于中、反观于心，提倡在内向的个人身心实践中，体验语言难以形容的愉悦。这种由"内壮"而达"外壮"的独特锻炼方式体现了中国传统养生学独特的思维特点。

身心共养

叁

法

功法练习

怎么练十二段锦

基本功练习

十二段锦涉及多种呼吸方法，如自然呼吸、腹式呼吸、提肛呼吸、停闭呼吸等。

自然呼吸 |

自然呼吸，即自身顺其自然地进行呼吸，呼吸过程中不施加任何人为的干涉，自由地进行呼吸。在十二段锦功法练习中，一般保持唇齿自然闭合，用鼻呼吸的自然呼吸方式。呼吸的快、慢、长、短，都依据个人身体情况而改变。

腹式呼吸 |

腹式呼吸可人为控制呼吸的深度和时间，通过膈肌和腹肌的运动，使腹部有规律地起伏，从而达到提升肺换气量和改善内脏功能的目的。

腹式呼吸可分为顺腹式呼吸与逆腹式呼吸两种。

顺腹式呼吸：吸气过程中，腹肌扩张，膈肌下降，腹部充盈气体，小腹逐渐鼓起；呼气过程中，腹肌收紧，膈肌上升，呼出气体。顺腹式呼吸能提升肺的换气量。

逆腹式呼吸：吸气过程中，腹肌收紧，膈肌收缩下降，腹部容积减小；呼气过程中，腹肌放松，膈肌上升，腹腔容积变大。相比顺腹式呼吸，逆腹式呼吸更能影响内脏器官，改善内脏器官功能。

提肛呼吸 |

即在呼吸过程中加入提肛动作，吸气的同时收缩肛门和会阴周围肌肉，呼气的同时放松肛门和会阴周围肌肉。

停闭呼吸 |

即在呼气或吸气后，短时停止呼吸动作的呼吸方法，以增强对肌肉、关节和内脏的刺激。一般来说，停闭时间不要超过 2 秒。

握
固

一

二

拇指屈曲，抵于无名指指跟处，其余四指屈曲握在一起。

自
然
掌

手掌伸出，五指自然伸直，稍稍
分开，掌心稍稍内含。

手掌伸出，五指自然伸直，然后中指稍内屈，力贯中指指尖。

通天指

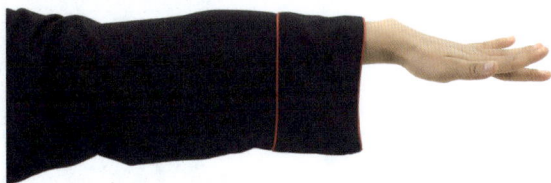

卷心拳

手掌伸出，除拇指外的四指并拢屈曲，拇指压在食指、中指的第二个指节上，拳面平（即除拇指外的其余四指，第二指节在同一个平面）。

静态 |

双腿盘坐，双膝外展，上身中正，双目眼帘下垂（在健身气功中，简称垂帘），脖颈竖直，头部上引，舌抵上腭。腰背竖直，双肩放松，双手在脐部交叠。

动态 |

双腿盘坐，双膝外展，脖颈竖直，头部上引。含胸时肩部下沉，挺胸时双肩放松。双腕放松，手指伸展。腹部放松，髋部下沉。转动腰部时圆转流畅，气息与动作相合，意随形动。

打坐练习

自然盘

双腿盘坐交叉时，一腿在外、一腿在内，双脚位于大腿下方，脚心斜向后，这样的坐姿为自然盘。双腿的内外位置可互换。

单盘

双腿盘坐，一脚的脚后跟抵在会阴处，另一脚放在对侧腿的大腿根处，脚心向上。双腿位置可交换。

双盘 |

双腿盘坐，先一条腿屈膝，脚贴向对侧腿的大腿根，脚心向上，另一条腿再屈膝，脚放在对侧腿的小腿上，靠近大腿根部，脚心向上。双脚位置可互换。

进行打坐练习时需要注意的是，练习前多活动一下腰部和双腿。如果是刚开始接触十二段锦，最好采用自然盘，随着练习程度的提升，再逐渐过渡到单盘和双盘。如果盘坐时出现腿麻、腿疼等现象，要调整打坐姿势，或停止打坐。

打坐时最好配备一个坐垫，软硬适中，带有弹性更好，后高前低，前后的高度落差以 3 厘米为宜。

十二段锦功法练习中，合理运用以下几种意念，有助于集中注意力，功法动作也会更加准确。

冥心法 |

即在功法动作练习的过程中，保持心平气和，专注于练功，忘却自我，排除杂念。"冥心握固"一式，用的就是冥心法。

默数法 |

即在练功过程中，心中默念动作的次数或呼吸，这样做有助于排除杂念，将注意力集中于练功，稳定心神。

意守法 |

即在练功过程中，将意念集中于身体重点部位，使人快速排除杂念，提升动作准确性。意念身体部位有助于充分发挥功法的作用。

功法练习

基本 要求	一、保持心平气和，双肩放松，腰腹放松。
	二、盘坐时，保持上身中正挺直。

一

二

双脚并拢站立；双臂垂放于身体两侧，掌心贴体侧；目视前方。

左脚向左后方迈一步，前脚掌着地，右腿稍稍屈膝。

（三）

双腿屈膝下蹲；上身前倾，双手在身体两侧五指撑地，目视前下方。

（四）

双手撑地，继续降低身体重心；右腿插向左腿小腿下方。双小腿交叉；目视下方。

重心左移，身体转正盘坐，双手扶双膝；目视前方。

功法提示

功理作用：凝神静气，调整呼吸和姿势，为专注练功做好准备。

呼　　吸：自然呼吸。

易犯错误：双脚盘坐过程太快，或盘坐姿势不协调；耸肩。

第一式 冥心握固

基本要求

一、心平气和，排除杂念，进入冥心状态。

二、垂帘，双手握固。

三、双臂上举时，指尖过顶，胸部舒展；双臂下按时，头部
上引，背部挺直。

（一）

接上式。双臂外旋，掌心向上，指尖引领双臂上举，直至与躯干夹角
为 45°，肘部微屈呈弧形，掌心斜向上；目视前上方。

双臂内旋的同时，下摆并互相靠近，直至双臂平举，距离同肩宽，掌心向下；目视前方。

然后双手下落至脐高，掌心向下；下颌内收，双目垂帘。

双手握固，双拳放置于双膝之上，保持周身放松，双目垂帘，静坐片刻，以 30 秒为宜。

<table>
<tr><td rowspan="3">功法提示</td><td>功理作用：</td><td>冥心状态可以令心神安宁，呼吸平静，使大脑得到休息，身心得到调节和放松；还可以预防头晕、失眠、心悸、神经衰弱等病症。</td></tr>
<tr><td>呼　吸：</td><td>自然呼吸。</td></tr>
<tr><td>易犯错误：</td><td>双臂上举不充分，没有刻意舒展胸部；双臂下按时弓背或上身前倾；没有垂帘。</td></tr>
</table>

第二式 叩齿鸣鼓

基本要求	一、抬头，保持上身中正挺直。
	二、叩齿时，双掌掩实双耳，内心默数叩齿次数。
	三、叩齿时，牙齿不可太用力，但带有咬劲；鸣鼓时，食指敲击要带有弹力。

（一）

接上式。双眼睁开，目视前方；双拳变掌，向后贴至腹部两侧，再向身体两侧平举，双臂外旋，掌心向前。

（二）

保持上身中正，双臂屈肘，双手中指稍稍内屈，变为通天指，用中指掩实耳孔；上下牙齿相叩数次；目视前方。

（三）

双手快速向两侧斜下方小幅摆动至上臂约水平，中指拔耳（即拔离耳孔）。

（四）

双手掌心按压耳孔，十指向后贴于脑后，并将食指叠放在中指之上，向下轻轻叩击后脑数次。

（五）

双手再次快速向两侧斜下方小幅摆动至上臂约水平，拔耳；目视前方。

双臂前摆至前平举，掌心向下；目视前方。

双臂经身前下按至腹前，掌心向下。

功法提示	功理作用：叩击牙齿可以令牙齿更加坚固和健康，鸣鼓可以提神醒脑。
	呼　　吸：鼻吸鼻呼。
	易犯错误：动作过程中容易低头；双肘向中间夹肘；闭眼；叩齿时牙齿力度过大；鸣鼓时食指力度过大，或动作僵硬无弹力。

第三式 微撼天柱

基本要求	一、转头时躯干保持不动；抬头时，下颌上抬，双肩放松。
	二、上身回正时，先收下颌。
	三、以腰部拧转的力量带动双臂摆动。

（一）

接上式。上身左转约 45°，双掌贴腹部两侧侧起，双臂向身体两侧平举，双臂内旋，掌心向后；目视左后方。

上身右转约 45° 回正，双臂外旋，掌心向下，从侧平举稍稍向前平举；目视前方。

左臂向胸前屈肘，左手位于胸前，掌心向下；右臂外旋，掌心向上，向左下方划弧至腹前，双手掌心相对。

（四）

保持身体其他部位不动，左手下降，放在右手上，两手掌心相贴；目视前方。

（五）

保持双手相贴，右划并贴至右腿的大腿内侧；同时向左转头约 90°。

（六）

稍稍停顿后，保持身体其他部位不变，头部继续向左上方抬起约45°；同时保持双肩放松下沉。

（七）

下颌内收，目视左侧。

（八）

头部右转约180°，目视右后方，同时上身右转约45°；双臂内旋，向身体两侧平举，掌心向后；目视右后方。

（九）

上身左转约45°回正，双臂外旋，掌心向下，从侧平举稍稍向前平举；目视前方。

国术健身：十二段锦

十

右臂向胸前屈肘，右手位于胸前，掌心向下；左臂外旋，掌心向上，向右下方划弧至腹前，双手掌心相对。

十一

保持身体其他部位不动，右手下降，放在左手上，两手掌心相贴；目视前方。

十二

保持双手相贴，左划并贴至左腿的大腿内侧；同时向右转头约 90°。

十三

稍稍停顿后，保持身体其他部位不变，头部继续向右上方抬起约 45°；同时保持双肩放松下沉。

十四

十五

下颌内收，目视右侧。

头部左转约 90° 回正，目视前方；同时双手分别贴向脐部两侧，指尖斜向下，掌心向内。

功理作用： 颈椎的旋转可刺激颈椎周围肌肉，缓解和预防肩颈部位的疾病，提升颈椎灵活性；腰部的转动可以充分活动腰椎，提升腰椎灵活性，缓解和预防腰椎疾病。

呼　　吸： 逆腹式呼吸，吸气时提肛，呼气时落肛。

易犯错误： 转头时，上身跟着一起转动；抬头时耸肩。

基
本
要
求

一、双手抱头转体时，转体角度约为 45°，且目视转体时肘
尖的方向。

二、抱头转体时，转体方向的肩部、肘部充分后展。

三、侧倾时，和侧倾方向相对的手臂肘部充分上抬，拉伸
体侧。

四、低头时，收下颌；抬头时，胸部挺起，腰部反弓。

一

接上式。双手经身前上举至头顶上方，掌心相对，指尖向上；目视前方。

二

双肩后展，双臂屈肘，双手于头后十指交叉，掌心向前，抱头；目视前方。

三

保持双手抱头姿势，上身左转约45°，目视左前方。

（四）

上身右倾约 45°，目视左上方肘尖方向。

（五）

上身抬起，目视左前方。

保持双手抱头姿势，上身右转约 90°，目视右前方。

上身左倾约 45°，目视右上方肘尖方向。

国术健身/十二段锦

八

上身抬起，目视右前方。

九

上身右转约 45° 回正；目视前方。

（十）

头部上抬约 45°，目视前上方。

（十一）

保持双手抱头，双肘向头部前方聚拢，同时下颌内收，双手抱头按向前下方；目视腹部前方。

双手分开，双掌经双耳和脸颊下划至下颌底部，手指向上，掌根托下颌，并向上托举；目视前上方。

头部下放回正，目视前方；双手下按至胸前，掌心向下。

双手继续下按至腹前，握拳，收向脐部两侧，拳心向内；目视前方。

功法提示	功理作用：双臂摆动和脊柱的蠕动、旋转，可以使周身得到舒展，气血畅通；双手抱头侧倾和下压，可充分挤压刺激内脏，改善内脏功能；抬头、旋转、侧倾动作可活动颈椎，缓解和预防肩颈部位疾病。
	呼　吸：逆腹式呼吸，吸气时提肛，呼气时落肛。
	易犯错误：抱头转体和侧倾时，没有舒展肩部，或没有看向肘尖方向；抬头时忘记挺胸和背部反弓。

<table>
<tr><td rowspan="3">基本要求</td><td>一、单向摇转时，向该侧转腰，该侧肩部向手臂方向延伸。</td></tr>
<tr><td>二、双向摇转，后摇时提肩，肩部后展，扩胸；前摇时肩部下沉，含胸。肩部摇动圆转流畅。</td></tr>
<tr><td>三、交叉摇转时，用腰部扭转的力量带动手臂摇动，双肘一前一后同时摇动。</td></tr>
</table>

（一）

接上式。双肩后展，双拳经腰部两侧划向身后，拳背贴在背后脊柱两侧，拳心向外；目视前方。

（二）

上身左转约 45°，左拳向左、向上划至左肩前方，稍稍低于左肩；目视左拳。

（三）

上身向左前方倾斜，左臂伸展开，左拳向左、向下摇至与腰同高，拳心向下；目视左拳。

㊃

左拳经身体左侧摇回背后脊柱左侧，同时上身抬起回正；目视前方。

㈤

上身右转约 45°，右拳向右、向上划至右肩前方，稍稍低于右肩；目视右拳。

（六）

上身向右前方倾斜，右臂伸展开，右拳向右、向下摇至与腰同高，拳心向下；目视右拳。

（七）

右拳经身体右侧摇回背后脊柱右侧，同时上身抬起回正；目视前方。

八

九

双肩后展，同时双肘后摆，胸部
前顶。

双肩上提，缩颈。

十

双肩向前、向上转动。

双肩向前转动,同时双肘向前摆。

双肩向下转动,含胸,肩部下沉。

双肩调转转动方向，向后、向上转肩，缩颈。

再向后、向下转肩，肩部下沉，
同时双肘后摆。

双肘回到身体两侧，上身回正，
目视前方。

双手变拳为掌，指尖沿身体两侧上移至双肩上方，屈腕，掌心斜对双
肩；目视前方。

（十七）

双臂保持屈肘，肘部下沉，掌背向上。

（十八）

上身左转约 45°，同时保持双手指尖贴肩，右肘向左、向前、向上摇至右肩前方，左肘向后、向右、向上摇至身体左后方。

身体回正，同时右肘向右、向上摇至头部右侧，左肘向左、向上摇至头部左侧；目视前方。

上身右转约 45°，同时左肘向左、向下摇至左肩前方，右肘向右、向下摇至身体右后方，约与右肩齐高；目视前方。

上身左转约 45° 回正，左肘向左、向下摇至身体左侧，右肘向前、向下摇至身体右侧，始终保持双手指尖贴肩；目视前方。

功法提示		
	功理作用：	充分活动肩部和腰部，预防肩颈部、腰部疾病。
	呼　　吸：	逆腹式呼吸，吸气时提肛，呼气时落肛。
	易犯错误：	摇转动作生硬不协调；前摇和后摇时，没有含胸和展胸；交叉摇动时，双臂动作不一致。

基本要求

一、双脚前伸、双掌上推时，双腿并拢，绷直脚面；双掌下按时，头部上引，腰部挺直，脚尖回勾。

二、双掌上推时，充分拉伸腰部、胸部两侧。

一

接上式。保持双手指尖贴肩，双肘在身体两侧上抬至与肩平；目视前方。

（二）

双手指尖向下，虎口贴身体两侧下插至髋部两侧；目视前方。

（三）

双手贴大腿两侧向前摩运至膝关节外侧偏下位置，向上托扶膝关节，直至膝关节约与胸部下缘同高；目视前下方。

右腿向前伸展打开，脚尖向上；右手扶在右膝关节处；目视右脚方向。

左腿向前伸展打开，与右腿并拢，脚尖向上；左手扶在左膝关节处；目视双脚方向。

（六）

双臂外旋，掌心向上，双手收至腹前，十指交叉；目视双手。

（七）

双手保持十指交叉，手臂内旋，上推至头顶上方，掌心向上，双臂伸直，上身挺立；双膝伸直，脚尖向前绷直；目视前方。

双肩放松，双臂外旋，掌心向下，屈肘下按至头顶，稍稍用力按压，颈部立起，脊柱竖起；同时双脚脚尖努力往回勾；目视前方。

功法提示

功理作用： 双掌上推时，可充分拉伸脊柱，改善脊柱生理曲度；绷脚面、勾脚尖的脚部动作，可促进身体血液循环；肩颈部得到拉伸，可预防、缓解肩颈疾病。

呼　　吸： 逆腹式呼吸，吸气时提肛，呼气时落肛。

易犯错误： 双手上推和下按时，双腿没有伸直，或没有绷脚面和勾脚尖；双手上推不充分。

第七式 俯身攀足

基本要求	一、向前俯身攀足时，双腿伸直，头部上抬，脚尖回勾，腰部下塌。
	二、抬头时，下颌主动用力；低头时，下颌内收，拉伸颈部。

一

接上式。双臂向上伸展打开，手指向上，掌心相对；目视前方。

二

以髋部为轴，上身前倾45°，同时双手向前、向下划至双脚位置，手抓双脚，拇指压脚面，其余四指扶脚底；目视双脚脚尖。

三

保持双手扶脚，脚尖回勾，腰部下塌，头部抬起，目视前上方。

下颌内收，向前低头，颈部拉长；目视下方。

上身直立，双手沿腿部上方向腹部方向摩运；目视前下方。

（六）

双手摩运至腹前时，左臂屈肘，左手收向腹部右前方，掌心向上，右臂屈肘，右手向左上方摆至左肩前，稍稍低于左肩，掌心斜向下；目视右手。

（七）

上身前俯，右手经左腿的左侧，向前划至左脚外侧，右手扳左脚；左手收向左侧大腿根部位置；目视双脚。

右手将左脚扳至右腿大腿下方；目视右下方。

右臂屈肘，右手收向腹部左前方，掌心向上，左臂屈肘，左手向右上
方摆至右肩前，稍稍低于右肩，掌心斜向下；目视左手。

上身前俯，左手经右腿的右侧，向前划至右脚外侧，左手扳右脚；右手收向右侧大腿根部位置；目视右脚。

左手将右脚扳至左腿大腿下方；目视左下方。

左掌收向左侧大腿根部位置，目视前方。

功法提示	**功理作用：** 俯身、挺胸、塌腰动作可以充分活动脊柱，提升脊柱灵活性，增强脊柱周围肌肉力量；前俯时双腿伸直，勾脚尖，拉伸大腿后侧，可以缓解髋部周围肌肉疼痛。
	呼　吸： 逆腹式呼吸，吸气时提肛，呼气时落肛。
	易犯错误： 前俯时双腿易屈膝；攀足时抬头不充分，腰部没有下塌。

第八式 背摩精门

基本要求

一、双掌在身前搓掌时，沿垂直方向上下起落。

二、搓掌时，双掌要搓热，压紧。

三、背摩时，手指并拢，掌心虚空，背摩速度适中。

（一）

接上式。上身前倾，双臂内旋，双手向身体侧后方抬起，手臂伸直，掌心向上，目视下方。

（二）

双臂水平前摆，上身稍稍抬起。

（三）

双臂外旋，掌心向下，双臂继续水平前摆至前平举，上身直立；目视前方。

（四）

双臂屈肘，双手在胸前合掌，指尖向上；目视前方。

双掌拧翻下落至腹前，左手在上，右手在下搓掌，保持合掌；目视前方。

双臂屈肘抬起，右手在上，左手在下搓掌，保持合掌下落于腹前；目视前方。

双臂再次屈肘抬起，左手在上，右手在下搓掌，保持合掌下落于腹前；目视前方。

双手从腹前水平摩运至腰部后侧，指尖向下，双手快速直线上下摩运腰部数次。

功法提示

功理作用：用温热的手掌按摩腰部，可刺激腰部多处肌肉等软组织、穴位，加快血液循环，减缓腰部疼痛、痛经等症状。
呼　吸：搓手时闭气。
易犯错误：背摩精门时双手速度过快或过慢；搓手不充分。

第九式 前抚脘腹

基本要求	一、双手在腹前上下摩运时，指尖向下，向腹部左右摩运时，指尖相对。
	二、摩运的力度大小适中，速度均匀。

（一）

接上式。双手从背后摩运至身前胸部下缘，指尖相对；目视前方。

（二）

双手指尖向下，继续向下摩运至腹部。

（三）

腕部下降，双手指尖斜相对，双手向腹部外侧、上侧摩运。

（四）

双手摩运至胸部下缘时，双手手指水平，指尖相对。

（五）

双手指尖再次转向下，继续向下摩运至腹部。

（六）

双手保持指尖向下，向上直线摩运至胸部下缘。

（七）

双手沿胸部下缘向两侧摩运。

双手向下，沿弧形摩运至脐部两侧，掌心斜相对；目视前方。

功法提示

功理作用： 双手在腹部周围摩运，可刺激腹腔内脏，改善消化系统、泌尿系统功能，加速腹腔血液循环。

呼　　吸： 逆腹式呼吸，双手向上摩运时，吸气提肛；双手向下摩运时，呼气落肛。

易犯错误： 摩运速度过快，或快慢不匀；呼吸紊乱。

第十式 温煦脐轮

基本要求

一、保持身体中正。

二、按摩腹部时，用虎口处对准脐部，动作柔缓。

（一）

（二）

接上式。双掌继续摩运至脐部，双掌交叠按至脐部上方，右掌在外，左掌在内；双目垂帘。

稍后，双眼睁开，目视前方；双掌以脐部为中心，共同顺时针摩运 3 圈，再逆时针摩运 3 圈。

功法提示

功理作用：将注意力更多地放在脐部，使大脑得到休息，缓解紧张情绪；按摩脐部，可刺激脐部周围肌肉等软组织，加快腹腔血液循环。

呼　　吸：顺腹式呼吸。

易犯错误：按摩脐部时易上身前倾；按摩动作过快。

第十一式 摇身晃海

基本要求

一、摇身时保持双膝不动，摇晃匀速、连贯，幅度不要太大。

二、摇身时背部挺直，下颌稍稍内收。

三、摇身时双目垂帘。

（一）

接上式。双手前摆，经身前摆向两侧放置于双膝之上；目视前方。

（二）

双目垂帘，保持身体其他部位姿势不变，脊柱竖起，上身左倾。

上身沿顺时针方向，由左侧向前方划弧转动。

上身继续沿顺时针方向，由前方向右侧划弧转动。

上身继续沿顺时针方向，由右侧向后方划弧转动。

上身继续沿顺时针方向，由后方向左侧划弧转动。

（七）

上身继续沿顺时针方向，由左侧向前方划弧转动。

（八）

上身抬起，目视前方。

双目垂帘，身体其他部位姿势不变，上身右倾。

上身沿逆时针方向，由右侧向前方划弧转动。

国术健身：十二段锦

十一

上身继续沿逆时针方向，由前方向左侧划弧转动。

十二

上身继续沿逆时针方向，由左侧向后方划弧转动。

十三

上身继续沿逆时针方向，由后方向右侧划弧转动。

上身继续沿逆时针方向，由右侧向前方划弧转动。

上身抬起，目视前方。

<table>
<tr><td rowspan="5">功法提示</td><td>功理作用：以腰部为轴旋转上身，可充分活动脊柱和腹腔，提升脊柱灵活性，改善腹腔内脏功能。</td></tr>
<tr><td>呼　　吸：自然呼吸。</td></tr>
<tr><td>易犯错误：摇身时易双膝抬起；摇晃速度不均匀，或太快；摇晃幅度过大或过小，摇晃时弓背。</td></tr>
</table>

第十二式 鼓漱吞津

基本要求

一、保持身体中正，轻闭口唇。

二、精力多关注于口内生津。

三、舌尖在口内搅动时，速度均匀，圆转连贯。

四、鼓漱速度要快。

（一）

（二）

接上式。双手向后撤至大腿根部，然后向两侧展臂，掌心向后；目视前下方。

双臂外旋，向腹前合抱，掌心向内；目视前下方。

（三）

双手收向脐部两侧，握固，拳心向内；轻闭口唇，舌尖沿齿内向上、向右、向下做顺时针绕转一周，再沿齿外牙龈向右、向下、向左绕转一周，一内一外为一次，接着做反方向逆时针绕转，如此反复数次后，鼓起两腮做漱口动作；目视前下方。

（四）

双手变掌，指尖向上，上插至胸前；目视前下方。

0

（五）

双臂内旋，掌心向外，双手继续上插至头顶上方；目视前方。

（六）

双臂内旋，掌心相对，然后双手握固；目视前方。

双臂向下屈肘，双拳收至大腿根部，拳心向内；同时将津液咽下。

功法提示

功理作用： 舌头搅拌动作可刺激唾液分泌。唾液中含有蛋白酶、无机物等成分，可清洁口腔，加速食物分解。

呼　　吸： 逆腹式呼吸，吸气时提肛，呼气时落肛。

易犯错误： 舌头在口内搅拌不充分；没有做鼓漱动作。

收势

基本要求	一、双手上举时过顶，然后从身前下落平举。
	二、起身时双手撑地，辅助起身。

（一）

（二）

接上式。双拳沿身体两侧上提至胸部高度，然后在胸前交叉，将腕部搭在一起，右臂在外，左臂在内，双臂稍稍用力向前撑；微微含胸，背部稍稍后撑；目视前方。

稍稍停顿后，双拳变掌，下落于膝上，掌心向上；目视前方。

双臂经身体两侧上举，与躯干的夹角约为 45°；目视前上方。

双臂内旋，双手距离约同肩宽，掌心向下，下落至前平举。

双手继续下落于双膝之上；目视前方。

双手沿大腿向后、向下摩运至大腿外侧，十指撑地。

七

上身前俯，保持双手撑地，双膝竖起，双脚撑地，下身站起；目视下方。

整个身体站起，右脚向右前方迈一步，重心前移；双手自然垂于身体两侧；目视前方。

左脚并向右脚，周身正直，放松；目视前方。健身气功十二段锦功法演示完毕。

功法提示		
功理作用：	双臂摆动使上身充分伸展放松；从练功状态进入平时状态，心神归于平静。
呼　吸：	双臂在身前交叉时，闭气提肛，双拳下落变掌时，呼气落肛；双手上举时吸气，双手下落时呼气。
易犯错误：	双臂在身前交叉时，没有向前撑臂；起身动作不稳、不连贯。